A SA GRANDEUR

Mgr Jean-Pierre SOLA

ÉVÊQUE DE NICE.

Marseille, 4 octobre 1875.

Monseigneur,

Des personnes qui se croient bien informées m'écrivent que vous vous étonnez de n'avoir pas encore reçu de ma part la justification qui vous est due et que réclame l'opinion publique.

Rien ne sera plus facilement expliqué que ce retard dont je fais mes excuses à Votre Grandeur.

Il a été donné aux accusations dont je suis victime une telle publicité, qu'il me semblait naturel d'attendre la prochaine réunion du Conseil d'administration, et le retour de la colonie étrangère, afin d'exposer publiquement ma défense. C'est bien le moins que je rassure les fidèles sur l'emploi de l'argent qu'ils ont mis à ma disposition, et que je ne prive pas de la confusion qu'ils méritent, les meneurs de toute cette intrigue.

Mais, puisque cela peut vous être agréable, Monseigneur, je ne veux pas différer un seul instant de vous donner les éclaircissements que vous désirez. Je prie Votre Grandeur de voir dans cet empressement même, en pareilles circonstances, un éclatant démenti pour ceux qui ont osé dire, que j'avais jamais professé pour votre personne d'autres sentiments que ceux de la plus religieuse vénération, inspirée par votre caractère, vos vertus, votre autorité et votre grand âge.

Il n'est pas, il est vrai, dans mes habitudes d'exprimer facilement mes pensées : Je n'aime pas plus à blâmer ce qui ne me convient pas qu'à louer ce que j'admire. Mais mon éducation, ma tenue, mon milieu, mes habitudes, mes relations ne permettent pas de m'attribuer ces hautes inconvenances que de grossiers personnages pouvaient seuls inventer. Je parle comme j'écris, aussi correctement et aussi français que possible ; et les expressions du ruisseau ne sont pas dans mon vocabulaire.

Il est encore d'autres accusations qu'il ne me convient pas davantage de repousser. J'ai assez lieu de me réjouir des affectueux témoignages qui me viennent de partout, principalement des sommets de la colonie étrangère, pour n'avoir pas à m'arrêter à ces misérables, dont la bouche, acclimatée à toutes les fétidités de la calomnie, semble destinée, comme les égouts, à ne charrier que des fanges. Ils seront assez châtiés, quand les gens honorables sauront leur nom et leur joli travail.

Ce que je vous dois, Monseigneur, parce que cela est votre accusation personnelle et que j'ai la certitude de mettre un terme par mes éclaircissements aux défiances qui ont dû naître dans votre esprit, c'est l'explication des lacunes et des prétendues incorrections de ma comptabilité.

Je dois d'abord vous rappeler, Monseigneur, que la comptabilité d'une œuvre ne se tient pas comme celle d'un commerce.

Dans les affaires il faut justifier de tout, et dans une œuvre, au contraire, où les offrandes sont facultatives et presque toujours anonymes quand elles ne sont pas reçues sous la forme de souscriptions, les registres ne contiennent que des indications, et encore ne doivent-ils pas les contenir toutes? On demande à une œuvre des chiffres qui établissent sa situation et non pas le contrôle de ces chiffres. Cela est si vrai — et ce n'est un secret pour personne — que les comptes et budgets des paroisses sont plus ou moins fictifs et qu'il n'en est certainement pas, dans les Alpes-Maritimes plus qu'ailleurs, qui puissent subir le contrôle des comptabilités de commerce.

Mais cette comptabilité même des paroisses, régulière quoique défectueuse, n'existe pas et ne pouvait pas exister à N.-D. de Nice. Une comptabilité régulière suppose une situation normale, exige un comptable, donne une responsabilité spéciale et réclame un certain contrôle. Rien de tout cela n'existait encore ni n'est possible à N.-D. de Nice. parce qu'il faut pour le fonctionnement de tout cela un Conseil de Fabrique ou une administration équivalente.

Aussi, le premier mot de ma comptabilité est-il un mensonge, puisque je déclare payer, pendant quatre mois, des sommes qui ne sont pas encaissées, à cause de la saison d'été qui n'est plus celle des recettes bien qu'elle continue à être celle des frais. Mon livre de compte et le livret de la sacristie n'ont d'autre valeur que celle d'un journal ordinaire, et n'en pouvaient avoir d'autre.

J'entre maintenant dans le détail. Puisque mes livres m'ont été frauduleusement soustraits, il n'est pas possible que je donne des chiffres. Je dois me borner à des indications qui permettront à Votre Grandeur de les établir.

Les sommes reçues sont de trois natures :

1° *Sommes reçues pour la construction.*

Elles s'élèvent, à 3,300 francs, y compris mon offrande personnelle de 500 francs.

A titre de souscription personnelle, autorisé par la personne qui m'a remis à cet effet 500 francs, j'ai versé .... F. 1.000
Comme collecte au sermon de charité... 1.800
Versé dans la bourse des quêteuses les moins favorisées................. 200
Remis à M. le trésorier.. 300

Soit les......... F. 3.300

2° *Sommes provenant du prélèvement des chaises et des quêtes courantes.*

Les sommes précédentes ne figurent pas sur mon livre. Celles-ci s'y trouvent seules consignées parce que ce sont les seules qui permettent d'apprécier le revenu d'une église et pouvaient nous autoriser, comme font les Conseils de Fabrique, à démontrer à la Commission municipale — ce qui était notre but et pouvait être son droit, — que, par ses ressources ordinaires, l'église Notre-Dame ne pouvait rien donner pour l'achèvement des constructions. Grâce au mode d'encaissement que j'avais organisé, là, mais là seulement, le contrôle était possible.

Ce n'est pas encore le moment de rappeler comment, à la demande de M. le chanoine Kaiser, ce contrôle a été établi d'une manière souverainement blessante pour ma dignité.

Le tronc ne pouvait être ouvert sans la clef dont Votre Grandeur l'avait constitué dépositaire, et je ne suppose pas qu'on ose m'accuser d'avoir rempli, sous les yeux de votre secrétaire particulier, mes poches de sous, au moment où, la rougeur au front, je subissais ce flétrissant contrôle dont vous saviez toute l'ignominie, mais que vous m'aviez demandé comme une satisfaction qu'il ne fallait pas lui refuser.

Cependant il s'est trouvé, deux fois de suite, que le total de la recette ne dépassait que très-médiocrement le prélevement des chaises. Et, bien que, toute la durée du carême, qui serait le temps des meilleures recettes, le produit des quêtes soit considérablement amoindri par les appels faits chaque dimanche à la charité des fidèles, en faveur de quelqu'œuvre de bienfaisance, il était évident pour moi qu'une somme de 300 francs, au moins, nous avait été soustraite.

Je communiquai mes soupçons aux prêtres attachés à l'Eglise et particulièrement à celui qui avait la charge de la Sacristie. Une surveillance plus active fut alors organisée. Pendant une semaine des pièces de monnaie numérotées furent placées dans les troncs : des recettes fictives et exactes y furent versées au lieu des recettes réelles qui m'étaient directement remises. Afin de pouvoir me rendre exactement compte des choses, je me levai moi-même trois et quatre fois la nuit; j'ai pris à témoins de ce qui se passait les prêtres attachés à l'Eglise. Et j'ai dû attribuer l'inutilité de notre surveillance à ce qu'ils avaient étendu mes confidences à des domestiques dont j'avais tout lieu de me méfier. Cette dernière circonstance, — j'ai de sérieuses raisons de le croire — déjoua notre vigilance. Mais, au moins, les prêtres mal inspirés qui ont éveillé de tels soupçons dans l'esprit de leur évêque, doivent-ils être très-sévèrement jugés. Le détail a pu leur échapper, parce que leur zèle était peu fait pour en garder le souvenir. Mais, ils auraient bien dû ne pas oublier la mauvaise humeur qu'ils m'ont témoigné quand je les ai associés à mes préoccupations et à mes veilles.

Si c'est sur ce point, Monseigneur, qu'ils ont attiré votre attention, Votre Grandeur trouvera tout naturel que j'y surprenne leur mauvaise foi en flagrant délit.

3° *Recettes extraordinaires pour le culte.*

Je classe sous cette dénomination toutes les sommes reçues par le Directeur, soit à l'Eglise en faisant lui-même la quête, soit au presbytère, soit encore au confessionnal.

Le produit de ces quêtes ou de ces offrandes n'a pas été versé dans le tronc collecteur, pour plusieurs raisons ; parce qu'il y avait quelquefois besoin immédiat d'argent ; parce que le Directeur voulait se rendre compte du produit des quêtes qu'il faisait personnellement, et qu'il faut attendre d'avoir des loisirs pour compter cent francs et plus en menue monnaie ; parce qu'enfin ces recettes ne peuvent pas être confondues avec le revenu ordinaire de l'Eglise. Un prêtre qui fait la quête reçoit 10 francs, on donne 100 francs et plus au Directeur de l'OEuvre, à raison des sympathies qu'il inspire.

N'ayant pas mes livres, il ne m'est pas possible de donner le relevé de ces sommes qui y sont inscrites seulement au crayon et pour mémoire. Mais Votre Grandeur pourra très-facilement en obtenir le total qui est relativement considérable.

Il est constitué :

1° Et avant tout par l'excédant de mes dépenses sur mes recettes. Une simple soustraction vous donnera ce chiffre important.

2° Par les sommes remises à M. Girodon juillet et août.................. F. 1025

3° Par un envoi fait à M. Thellier à Bergues de................................. 100

4° Par mon encaisse actuel............. 380

5° Par une quantité de petites dettes, qui ont été éteintes sans qu'il en soit tenu compte, afin de ne pas faire acte d'héritier. (Chiffre supposé mais très-inférieur)......................... 200

6° Par la somme de mes menus frais — voitures, gratifications, etc., (chiffre également très-inférieur)................ 150

7° Par des dépenses qui, de leur nature et à raison des circonstances, ne pouvaient figurer sur le livre courant :

Aumônes.................... F.	340	»
Harmonium.....................	380	»
Tapis	575	»
Souches.......................	61	50
Crèche........................	230	»

A reporter....... F. 1586 50

Report .... F.	1586	50
Mois de Marie (niche, ornements).....	120	»
Musique militaire.................	100	»
Argenture et réparation de Calice.....	40	»
Récompenses de la Maîtrise..........	120	»
Livres aux enfants.................	34	»
Logement pour domestiques..........	220	»
Erreur de compte pour le stabat......	180	»
Cent autres dépenses qui ne reviennent pas maintenant à ma mémoire pour lesquelles je porte un chiffre rond de	600	»
Soit en tout................ F.	3000	» 3000

C'est, au résumé, un chiffre qui ne doit pas s'écarter beaucoup de 8000 francs.

Si, au lieu de s'emparer de mes livres à la dérobée, et de me tendre un piége comme on fait pour surprendre un domestique en abus de confiance, on m'avait loyalement demandé un état de ma gestion depuis que j'ai en main la direction de Notre-Dame-de-Nice, j'aurais donné de suite ces éclaircissements.

J'aurais fait remarquer qu'il suffit de lire le titre des recettes et des dépenses, de faire des additions et de comparer les chiffres pour voir que cette comptabilité absolument irrégulière, où ne figurent ni toutes les recettes ni toutes les dépenses, ne pouvait pas être appréciée sans explications de ma part.

J'aurais prouvé par les livres mêmes où les dépenses couvertes atteignent un chiffre important qui n'est pas inscrit à l'article des recettes, que cette irrégularité ne peut atteindre mon honorabilité.

J'aurais donné de cette conduite, insolite comme les circonstances qui la commandaient, et passagère comme une transition, des motifs appréciés par tous les amis de Notre-Dame qui auraient, je l'espère, pensé avec moi que cette manière de faire avait le double avantage de poser les jalons précis du 1er budget de la future paroisse, et de soustraire les secrets de la famille aux perquisitions des malintentionnés.

Et si, finalement, on avait maintenu la chicane sur un point quelconque, je me serais permis de faire observer, pour la première fois, que mon nom ne figure nulle part, sur mes livres.

Quand un homme se sacrifie, qu'il donne son temps, et qu'au lieu de prélever des honoraires, il néglige de porter en compte ces mille menus frais qui sont incessants, qu'il garde à sa table et à ses dépens confrères et prédicateurs, dix-huit mois durant, si peu qu'il soit et qu'il vaille, il a cependant quelque droit à moins d'ingratitude et à plus d'égards.

Ces explications bien simples auraient évité ces bruyants et bien regrettables scandales dont ceux-là seulement se réjouissent qui devraient en être les plus affligés.

Ici les pensées abondent ; et j'aurais bien à dire sur les personnages et les phases de cette honteuse intrigue. Mais, dans l'espérance qu'une meilleure décision de Votre Grandeur les rendra inutiles, je réserve encore le plus pénible de mes réflexions. C'est toujours trop tôt qu'on divulgue le mal.

Je dois enfin répondre un mot aux ennemis mieux avisés qui se sont contentés de faire comprendre par d'habiles insinuations que la confiance de la colonie étrangère me faisait défaut.

Je leur réponds par un chiffre.

Le montant des souscriptions recueillies par le si digne et si zélé président de la commission, le produit du sermon de charité, le prélèvement des chaises, la somme des quêtes et offrandes, ordinaires et extraordinaires, le total de toutes les collectes du Carême au profit de toutes les OEuvres : forment ensemble un total qui atteint 90,000 fr. recueillis en une saison qui exceptionnellement n'a pas dépassé quatre mois. A moins d'être injuste et de penser que le Pactole remplace le Paillon quand les étrangers sont à Nice, il faut reconnaître que pareille somme est un beau denier.

Et s'il doit rester un étonnement, c'est qu'on ait pu l'obtenir quand il n'y avait plus pour relier les sympathies si fortement battues en brèche des habitués de Notre-Dame qu'un pauvre prêtre dont tout le mérite a été de boire en silence, sans récriminer, ce profond et débordant calice d'opprobres où n'ont cessé de verser leur fiel tout ce monde des méchants, mécontents et intrigantes, cœurs jaloux et déçus, âmes chagrines et trompées.

Les résultats me permettent, au contraire, d'affirmer que la bénédiction de Notre-Seigneur était avec nous. Et je tiens à constater, afin de remercier la Providence et ceux qui étaient l'instrument de sa bonté, que si mes propositions avaient été acceptées dès le début, l'église Notre-Dame serait aujourd'hui en voie de prospérité et d'achèvement rapide, sans qu'il en ait coûté à la ville plus d'une centaine de mille francs.

Je me suis soutenu dix-huit mois, Monseigneur, dans la position la plus étrange et la plus anormale du monde ; quand, dans les prévisions communes, cet état absolument temporaire et provisoire ne devait pas durer plus d'un trimestre.

Pendant ce temps, j'ai supporté un travail surhumain, j'ai tenu tête à des difficultés de tous genres, ne cessant d'inspirer aux autres une confiance qu'on ne cessait de tuer en moi.

J'ai soutenu, envers et contre tous, des œuvres auxquelles on portait sans relâche des coups mortels par le découragement et la division.

J'ai essuyé les trop justes rancunes des amis du P. Lavigne, auprès de qui on me laissait odieusement calomnier.

J'ai supporté également, malgré mon filial attachement, les défiances des amis de la Compagnie de Jésus ; j'ai subi aussi les attaques de toutes les individualités jalouses de diriger une œuvre dont elles ne soupçonnent pas le poids.

Sans même leur adresser une observation, pour ne pas aggraver mes complications, j'ai gardé à ma table, entre moi et ma mère dont je calmais l'indignation, et j'ai continué d'appeler pour présider mes offices ces malheureux confrères dont je savais la criminelle conduite à mon égard.

Et j'ose dire que ce n'est pas un médiocre mérite que de se taire, quand on se sait constamment suivi et surveillé par des espions qui cherchent à dénaturer toutes vos démarches, à incriminer toutes vos visites et à suspecter toutes vos relations.

Quoique bien douloureusement affecté par ces âmes basses qui montaient, le crayon à la main, ces gardes honteuses que vous savez, je ne me suis jamais plaint à Votre Grandeur ; et la colonie étrangère a toujours ignoré que, dans le but de préparer les plus tristes délations, il y avait des hommes qui ne craignaient pas de salir à profusion et sans distinguer les personnes les plus honorables dont plusieurs portent des noms vénérés dans des royaumes entiers comme synonymes de sainteté et de bienfaisance.

Je ne me repents pas de m'être tu, parce que je crois que mon silence a été meilleur pour les âmes ; mais je vous demande très-humblement, Monseigneur, d'examiner si ce qui vient de se passer n'est pas le travail des intrigues et des plus tristes passions.

Quelle que soit la décision de mes supérieurs, je l'accepte toujours avec docilité et déférence, afin de donner, à défaut d'autres exemples, celui de la dignité personnelle et du respect de l'autorité qui nous manquent trop.

J'ai d'avance le cœur soumis à vos volontés, mais ma soumission ne m'empêcherait pas de penser que vous n'êtes pas assez paternel à mon égard, si, après dix-huit mois de dévouement, de travail et de déboires, je n'avais d'autre récompense que la

— 48 —

risée des calomniateurs et l'affliction des honnêtes gens.

Veuillez agréer, Monseigneur, le très-respectueux hommage de ma religieuse et profonde vénération.

VALLET.

www.ingramcontent.com/pod-product-compliance
Lightning Source LLC
Chambersburg PA
CBHW070528050426
42451CB00013B/2913